Sonnenstrahlen für die Seele

ausgewählt und zusammengestellt
von Kathrin Clausing

illustriert und kalligrafiert

Mit den Farben
der Seele

Ich male ein Bild,
erwecke
mit dem Pinsel
die Geschöpfe
aus meinen
Träumen,
erschaffe
mit den Farben
meiner Seele
noch einmal
den goldenen
Spätsommertag.

Lilly Ronchetti

MORGENSTIMMUNG

Auf dem Steinhaufen
zwei Eidechsen
Mutter und Kind
gewärmt vom
Morgensonnenstrahl

Rot und blau
und süß die Beeren
im Gebüsch

In den Lüften
ein Wispern und Sirren
Letzte Schmetterlinge
schillernd auferstanden
im Brennnesselfeld

Hier will ich
eine Weile rasten
und mich erholen
von der Verstörtheit
der Zeit

Lilly Ronchetti

Anfang

Losleben
einfach so
und all die Sorgen
abschütteln
wie Wassertropfen
aus dem nassen Haar
und wissen
die Sonne
wird in meinen Fußstapfen gehen.

Isabella Schneider

VOGELFREI

leicht
sanft
über
höhen
tiefen
im hellen licht
der sonne
dahinzuschweben
befreit
von allem
heiter
und gelassen
in den reigen
allen lebens
miteinzuschwingen
ohne raum
und ohne zeit

Manfred Fischer

Goldene Strahlen

Immer das Gesicht
zur Sonne
starker Rücken
dem Wind entgegen
goldene Strahlen
einatmen
und selber golden
strahlen.

Maria Sassin

SONNE FÜR DIE SEELE

Der Himmel blau und wolkenlos
Stille umgibt mich
Jetzt fühle ich es
Wie gut es ist
Einfach leben, nur da sein
In der Sonne sitzen
Die Strahlen auf der Haut fühlen
Die auch ins Innerste meiner Seele vordringen
Ich lasse es zu
Dass Sonne meine Speicher füllt
Im Erahnen dunklerer Tage

Doris Wohlfarth

Soviel Sonne und Licht

Was für ein wunderbarer Morgen.
Soviel Sonne und Licht
um uns und in uns.
Soviel frische, klare Luft.
Ich atme tief durch,
schließe die Augen
und bin Teil von alldem.

Silvia Droste-Lohmann

GANZ LEISE

Noch hängt alles
am seidenen Faden.
Ganz zaghaft
diese ersten Schritte
wie neugeborene Fohlen.
Ganz langsam
dieses erste Aufrichten
wie junge Bäume
nach dem Sturm.
Ganz leise
dieses erste Lächeln
unendlich wohltuend
wie lange Sonnenstrahlen
nach langen grauen Tagen.

Anne Steinwart

Ein Paar
Sonnenstrahlen

Ich beherberge
ein paar Sonnenstrahlen
im Gesicht
erlaube einem Marienkäfer
auf meiner Hand zu landen
atme zärtlich das Gelb
des Zitronenfalters
und spüre

es wird nicht
alles gut
aber vieles

Cornelia Elke Schray

Aus gutem Grund

Zulächeln
will ich
dem neuen tag
mit allem
rechnen
was meine seele
wärmt
ihm alles
zutrauen
was meine freude
beflügelt
ich will
ihm glauben
schenken
aus gutem grund

Peter Schiestl

ALLTAGSLUST

Morgens
Die Alltagsplage
Mit einem Lachen
Zur Alltagslust machen

Dem Vormittag
Mit leisen Rufen
Watteschäfchen entlocken

Dem Nachmittag
Ein Schläfchen stibitzen
Auf Zehenspitzen

Dem Schalk
Im Nacken des Abends
Herzlich die Hand schütteln

Und ab und zu
Des Nachts
Eine Schaukel
An den Mond binden
Um hinaufzuschaukeln
In die Sterne

Carola Vahldiek

Was ich dir wünsche

Einen Frühlingshauch
im Alltagsgrau
einen warmen Gedanken
an einem Regentag
ein Lächeln
durch den Nebel
eine Überraschung
mit der Du nie
gerechnet hast
Freude
mitten im Tun

Anna Tomczyk

DEM ZUFALL IN DIE ARME LAUFEN

Den Engel aufwecken
und dem Zufall in die Arme laufen,
einfach den Sommer fühlen,
die Gedanken frei und leuchtend
im Kornfeld loslassen,
von der Vergangenheit kurz
eingeholt werden
in einer Begegnung.
Dann lächeln
für einen Moment –
zutiefst bis ins Herz.

Silvia Droste-Lohmann

Morgenlicht

Ein erstes Ahnen von Licht
nach langer Nacht.
Leise hebst du die Lider
und öffnest dem Morgen die Tür.
Er reicht dir lächelnd die Hand:
Komm mit und sieh
Blumen der Hoffnung hab ich gesät
schon blühen sie dir in den Tag.

Eva-Maria Leiber

WETTERBERICHT

Ein großes Hoch weht mir
aus deinem Lachen entgegen,
Gewitter haben sich
an den Rand einzelner Wüstentage
zurückgezogen,
Niederschläge
bis auf weiteres keine,
sonnenwarm weht der Wind
wohl auch übermorgen noch
über unseren Köpfen,
die gefühlte Temperatur ist,
sagen wir mal hellblau und weich,
Hand in Hand vertreiben wir
jeden Tiefdruck.

Auf den Wetterbericht
können Sie sich freuen,
verkündet die Nachrichtensprecherin …

Cornelia Elke Schray

Den Hut ziehen

Ich stelle mich
vor den Spiegel
und ziehe
meinen
schönsten Hut
gut gemacht
sage ich
schenke mir
ein Lächeln

und staune
wie mein Tag
sich augenblicklich
verändert

Cornelia Elke Schray

NUR EIN LACHEN

Ein Lachen
ist mir entwichen
es war genau
heute Morgen
um 6:44 Uhr,
ich wollte es noch
einfangen,
rannte geschwind
die Straße runter,
aber es war einfach
schneller.

Erst Stunden später
traf ich es
an einer roten Ampel
im Gesicht einer Frau
wieder,
voller Leben strahlte es
mich an, wollte nach Hause
in mein Gesicht.

Hab ich dich also wieder,
du Schlingel …

Cornelia Elke Schray

Mit Texten von:
Silvia Droste-Lohmann: S. 8, 15 © bei der Autorin. **Manfred Fischer**: S. 5 © beim Autor. **Eva-Maria Leiber**: S. 16 © bei der Autorin. **Lilly Ronchetti**: S. 2f. © bei der Autorin. **Maria Sassin**: S. 6 © bei der Autorin. **Peter Schiestl**: S. 12 © beim Autor. **Isabella Schneider**: S. 4 © bei der Autorin. **Cornelia Elke Schray**: S. 10, 17–19 © bei der Autorin. **Anne Steinwart**: S. 9 © bei der Autorin. **Anna Tomczyk**: S. 14 © bei der Autorin. **Carola Vahldiek**: S. 13 © bei der Autorin, www. lichtgedicht.de. **Doris Wohlfarth**: S. 7 © bei der Autorin.

Dieser Baum steht für klimaneutrale Produktion, umweltschonende Ressourcenverwendung, individuelle Handarbeit und sorgfältige Herstellung.

Bibliographische Information der Deutschen Nationalbibliothek: Die Deutsche Nationalbibliothek verzeichnet diese Publikation in der Deutschen Nationalbibliographie; detaillierte Daten sind im Internet über http://dnb.d-nb.de abrufbar.

ISBN 978-3-86917-323-8
© 2014 Verlag am Eschbach der Schwabenverlag AG
Im Alten Rathaus/Hauptstr. 37
D-79427 Eschbach/Markgräflerland
Alle Rechte vorbehalten.

www.verlag-am-eschbach.de

Gestaltung: Ulli Wunsch, Wehr
Satz und Repro: Angelika Kraut, Verlag am Eschbach.
Herstellung: Süddeutsche Verlagsgesellschaft Ulm